楽しい調べ学習シリーズ

# よくわかる銀行

## 仕事の内容から社会とのかかわりまで

［監修］**戸谷圭子**

PHP

## はじめに
# 銀行は大切なお金の管理人

　わたしたちの生活にお金は欠かせません。おおむかしは物と物が交換されていました。でも、それでは不便なので、貝がらなどがお金として使われるようになりました。それが金や銀などの希少な金属に代わり、いまはお札やコインがお金とよばれています。近い将来、電子的な情報がお金になるかもしれません。

　つまりお金というものは、物ぶつ交換に代わって、人びとが共通で使うことに合意した道具といえます。お金は「経済の血液」といわれていますが、それはモノやサービスをスムーズに世界中に行きわたらせるために必要だからです。

　銀行は、この重要な道具の管理人のようなものです。そのため政府は、銀行が不正をしたり、つぶれたりしないよう、ふつうの会社とは別のきびしいルールを設定して監督しています。

## いつの時代も、お金は大切！

飛鳥時代、物ぶつ交換の仲だちとして、米や布、塩などが貨幣の役割をはたしていた。

安土桃山時代から江戸時代にかけてつくられた金貨。天正長大判とよばれる。

殷の時代（約3000年前）、中国で貨幣として使われていた貝がら。

1873(明治6)年に発行された国立銀行紙幣旧券(十円券)。

寛永通宝とよばれる貨幣。江戸時代に広く流通した。

現代の一万円紙幣。

　銀行は、個人や会社からお金を預かり、なくしたり盗まれたりしないよう安全に保管します。遠いところにいたり、時間がなかったりする人同士がお金とモノをかんたんに交換できるしくみをつくっています。また、お金が余っている人とたりない人のあいだに入って、貸し借りができるようにし、借りた人がきちんと返すお手伝いをします。お金をふやすお手伝いをすることもあります。このように、わたしたちの大切なお金をあつかう仕事を任せられるのは、銀行や銀行員が信頼できるお金のエキスパートだからこそです。

　この本では、そういった銀行のしくみをお金のしくみとともにわかりやすく説明しています。みなさんも、お金の管理人になったつもりで、その裏側をのぞいてみてください。きっと、新たな発見があることでしょう。

戸谷 圭子

## もくじ　よくわかる銀行

はじめに　銀行は大切なお金の管理人　……………………………………………… 2

この本の使い方　……………………………………………………………… 6

# 第1章　銀行ってどんなところ？

何があるかな？　見つけよう！　町のいろいろな銀行　……………… 8

ちがいは何？　銀行の種類と役割　…………………………………………10

どんな仕事をしているの？　銀行の大切な「4つの仕事」…………12

貯金箱とどうちがう？　①お金を預かる〜預金　………………………14

遠いところでの支払いも？　②お金を移動させる〜決済　…………16

ローンって何だろう？　③お金を貸す〜融資　………………………18

保険もあつかっているの？　④そなえる、ふやす〜「保険」、「投資」…20

どんな関係が成り立っているの？　会社と銀行とのかかわり　………22

ほかの銀行とどうちがう？　日本銀行の役割　………………………24

いつ、できたの？　銀行の始まりと発展　………………………………26

COLUMN

銀行法………………………………………………………………11

たいへん！　お札がやぶれた！　………………………………13

気をつけたい！　多重債務って何？　………………………19

近代的な銀行の始まりはイギリス………………………………27

「振り込め詐欺」に注意しよう！　……………………………28

# 第2章　銀行で働く人びと

どこで、どんな人が働いているかな？　これが銀行だ！…………30

銀行で最初に応対してくれる人は？　ロビーの人たちの仕事　…………32

どんなことをしているの？　営業係の仕事 ……………………………… 34

人と人とのつながりを大切にする！　支店長の仕事 ……………… 36

密着取材！　銀行員の1日 ……………………………………………… 38

どんなしくみで動いているの？　ATM のひみつ ……………………… 40

銀行の金庫のここがすごい！　厳重に守る金庫のしくみ …………… 42

こんなときは、どうする？　もし銀行強盗におそわれたら？ ………… 44

銀行の現金はどうやって集めるの？　警備会社が活躍！ …………… 46

なぜ銀行は午後3時に閉まるの？ …………………………………… 33
指でわかる⁉　生体認証って何？ …………………………………… 41
将来、銀行員になるには？ …………………………………………… 48

# 第3章　世の中と銀行とのかかわり

どこから来て、どこへ行くの？　世の中のお金の流れ ……………… 50

好景気・不景気って何？　景気のしくみ ……………………………… 52

銀行は景気と関係あるの？　銀行の好景気・不景気 ………………… 54

国は経済とどうかかわっているの？　経済を安定させる政策 ……… 56

時代とともに、何が変わったの？　銀行の新しいかたち ……………… 58

海外ではどんなことをしているの？　銀行と世界の経済 …………… 60

バブル経済って何？ …………………………………………………… 53
クラウドファンディングって何？ ……………………………………… 59
円高・円安って何？ …………………………………………………… 61

さくいん ………………………………………………………………… 62

# この本の使い方

本書では、銀行の基本的なしくみを、わかりやすく紹介しています。少しむずかしい内容もありますが、知っておいたほうがよいと思われる大切なことがらをのせていますので、銀行についてくわしく調べることができます。

## 第1章 銀行ってどんなところ？

みなさんの身近にある銀行をはじめ、いろいろな金融機関のしくみについて解説しています。

## 第2章 銀行で働く人びと

銀行では、どのような人びとが働いているのでしょうか？ 銀行員の仕事の内容のほか、ATMや金庫など、さまざまな設備について紹介します。

## 第3章 世の中と銀行とのかかわり

銀行と社会の結びつきについて解説します。世の中で金融機関がどのような役割をはたしているのかを見てみましょう。

こうやって調べよう！

● もくじを使おう

知りたいことや興味があることを、もくじから探してみましょう。

● さくいんを使おう

知りたいことや調べたいことがあるときは、さくいんを見れば、それが何ページにのっているかがわかります。

# 第1章
# 銀行ってどんなところ？

# ちがいは何？
# 銀行の種類と役割

## さまざまな役割をもつ金融機関

　銀行や保険会社、証券会社、消費者金融など、お金にかかわる仕事を行う組織を「金融機関」とよびます。ほとんどの金融機関がお金を貸す仕事を行っていますが、お金を預かる「預金業務」を行ってよいことになっているのは特定の「銀行の仲間」だけです。

　「銀行の仲間」には、銀行のほかに、信用金庫や信用組合などの「協同組織金融機関」がふくまれます。「銀行の仲間」以外のクレジット会社や消費者金融は「ノンバンク」とよばれます。

### 銀行

　「銀行の仲間」は、いくつかの種類にわけられます。銀行の定義には、「銀行法」という法律にもとづき、内閣総理大臣の免許を受けた株式会社であること、名前に「銀行」が入っていることなどがあります。さらに銀行自体も、都市銀行、地方銀行、信託銀行などにわけられます。最近はネット銀行のように、店舗をもたない銀行も出てきました。

**❶ 都市銀行**
都市銀行は、全国の都市に支店をもっている銀行のこと。2018（平成30）年現在、4行あり、うち3行は、規模の大きさから「メガバンク」とよばれている。

**❷ 地方銀行**
地方銀行は都道府県の指定金融機関として地方自治体のお金をあつかうなど、その地方の中心的な銀行業務を行う。ほとんどが県庁所在地に本店を置き、県外に支店をもつ銀行もある。

**❸ 信託銀行**
信託銀行は、銀行の業務のほかに、有価証券や不動産などの財産を預かり運用する信託業務を行う銀行のことをいう。名前に「信託銀行」がつく。

**❹ その他の銀行**
ネット専業銀行やゆうちょ銀行、コンビニエンスストアなど他業界からの新規参入銀行なども「銀行の仲間」にふくまれる。

# 第1章 銀行ってどんなところ？

### 協同組織金融機関

「銀行の仲間」のうち、お金を預かったり貸し出したりする業務を行っているものの、会員や組合員など、決まった相手だけと取り引きを行っている金融機関を指します。

#### ❺ 信用金庫

信用金庫は、営業地域が限定されている。営業地域内にある従業員300人以下、または資本金9億円以下の事業者、その地域内で働く人を会員とし、融資などは原則として会員だけに行う。

#### ❻ 信用組合

信用組合は信用金庫に似ているが、会員はより規模の小さい事業者とする。営業地域内の従業員数が300人以下（小売業は50人以下）、または資本金3億円以下（小売業は5000万円以下）の事業者、その地域で働く人などを組合員とする。預金も組合員限定と決まっている。

#### ❼ 労働金庫

労働金庫は労働組合や生活協同組合の団体がつくる金融機関を指す。

#### ❽ 系統金融機関

上部組織のある農協や漁協などの協同組織金融機関を系統金融機関とよぶ。農協は農業、漁協は漁業にそれぞれ従事する人たちによる協同組合で、預金※や貸出などの金融業務を行う。

※預金を「貯金」とよぶ金融機関もある。

### COLUMN 銀行法

「銀行法」とは、1927（昭和2）年に制定された、銀行の定義や業務を定めた法律のことで、1981（昭和56）年に全面改正されました。

銀行だけにゆるされている業務や子会社の業務も、この法律で決められています。また、営業日、営業時刻や経営の内容を明らかにすることも決められています。すべての銀行は、この法律の範囲内で営業しなくてはいけません。新しい銀行を設立するときには、内閣総理大臣の免許が必要なことも、銀行法に定められています。

1872（明治5）年 国立銀行条例制定（→ p.27） → 1927（昭和2）年 旧銀行法制定 → 1981（昭和56）年 銀行法全面改正

# どんな仕事をしているの？
# 銀行の大切な「4つの仕事」

## 個人にかかわる銀行の仕事はおもに4つ

　お金は人びとのくらしになくてはならないものです。お金をあつかう仕事を行っている銀行は、人びとのくらしと深くかかわっています。一般の人たちにかかわる銀行の仕事は、大きく4つにわけられます。

　ひとつめはお金を預かる仕事です。

　2つめが、ある場所からある場所にお金を移動させる仕事です。

　3つめがお金を貸す仕事です。たくさんの人が銀行からお金を借りています。

　そして4つめは、将来にそなえたり、お金をふやしたりしたい人の相談にのることです。

❶ お金を預かる
個人や会社から口座を通してお金を預かる。預かったお金の運用によるもうけを分配する。
（→ p.14）

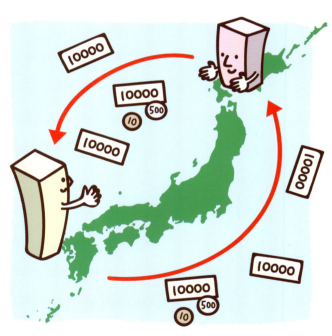

❷ お金を移動させる
はなれた場所やほかの金融機関へのお金の移動を代行する。移動先でお金の取り引きを行うこともある。（→ p.16）

# 第1章 銀行ってどんなところ？

### ❸ お金を貸す
まとまったお金を必要としている人や会社に、お金を貸す。きちんと返してもらえるように審査をしたり、返済計画をたてたりする。（→ p.18）

### ❹ そなえる、ふやす
病気やけがへのそなえ、将来のたくわえなど、利用する人や会社に役立つ金融商品を販売する。（→ p.20）

---

 **COLUMN　たいへん！　お札がやぶれた！**

お札がやぶれてしまったら、まず銀行の窓口に持っていきましょう。

たとえばお札が半分にやぶれて2枚になってしまったときは、2枚とも持っていきます。合わせたときに1枚になれば、全額分のお札と交換してくれます。2枚でなくても、すべてを合わせたときに、お札の3分の2以上がのこっていたら全額、3分の2未満〜5分の2以上なら半額と交換してくれます。しかし、のこったお札が5分の2未満だと、交換してもらえません。

| すべてを合わせたときに $\frac{2}{3}$ 以上 | すべてを合わせたときに $\frac{2}{3}$ 未満 〜 $\frac{2}{5}$ 以上 | $\frac{2}{5}$ 未満 |
|---|---|---|
| 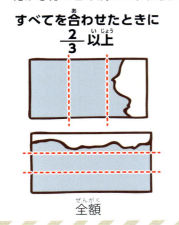 | 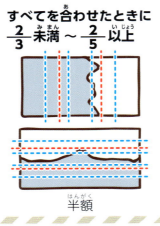 | 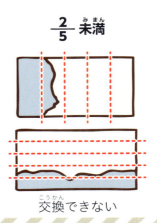 |
| 全額 | 半額 | 交換できない |

貯金箱とどうちがう？

# ①お金を預かる〜預金

## なぜお金を銀行に預けるの？

銀行は多くの人からお金を預かっています。わたしたちが銀行にお金を預けることを「預金（貯金）」といいます。ほとんどのおとなは、どこかの銀行に自分の口座をもち、預金通帳（通帳）や印鑑、またはキャッシュカードなどを使い、お金を預けたり、引き出したりできるようにしています。

なぜお金を家に置いておかず、銀行に預けるのでしょうか。まず、安全に保管できるという理由があります。また、銀行に預けるとお金がふえることがあります。これは銀行の仕事のしくみにひみつがあります。

### 口座

人（または会社や団体）が、銀行とお金のやりとりをするときに使う記録のしくみを、口座※といいます。それぞれ口座番号が決まっていて、通帳やキャッシュカードにも記録されています。お金の出し入れは口座を通して行います。口座には、おもに個人が預け入れ、自由に引き出せる「普通預金」と、会社や個人などが使う「当座預金」があります。当座預金から引き出すときには、小切手や手形が用いられます。

口座を開設してみよう！

①銀行にある口座開設の申し込み用紙に記入し、窓口に提出する。

②口座用の印鑑を用意して手続きを行う。口座番号が決まり、預金通帳がもらえる。キャッシュカード用の4けたの暗証番号もこのときに決める。

③数日後にキャッシュカードが書留で届く。

通帳をつくらずインターネット上でお金の出し入れを確認したり、口座を開設したりする方法もあります。

※口座は何歳からでも開設できますが、申し込み手続きは15歳以上でなければできません。小学生が開設する場合は、おうちの人といっしょに銀行へ行き、手続きをします。

第1章 銀行ってどんなところ？

## 貯金箱と銀行のちがいは？

お年玉やおこづかいをたくさんもらったときに、貯金箱に入れるか、銀行に預けるかで、1年後、または10年後の金額が変わります。銀行にお金を預けた場合は「利子」がつくため、預けたお金よりもふえるのです。

銀行の口座に預金してお金をふやすことを「貯蓄」といいます。

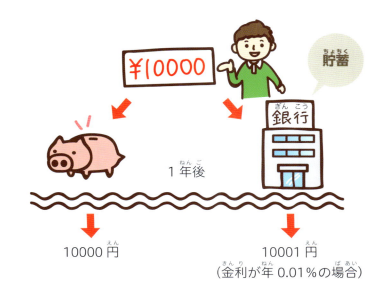

## 利子って何？

銀行では預かったお金（預金）を使って、お金をふやすための運用を行います。運用で得たもうけを、お客さまの預金に決まった割合で分配するのです。分配の割合を「金利」、その金額を「利子※」といいます。「金利」は、金融機関や預けた額、期間、時期などによって変わります。預金をするとお金がふえるのは、こうしたしくみによります。

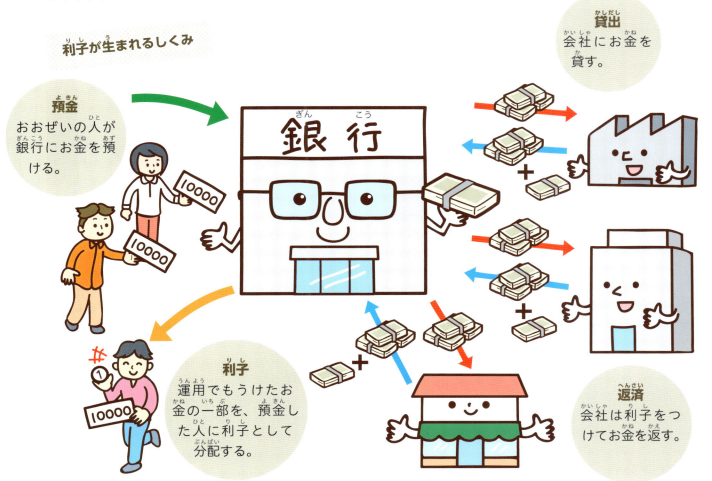

※「利子」を「利息」という場合もある。

## 遠いところでの支払いも？
# ❷お金を移動させる〜決済

### 銀行に行かなくてもお金の取り引きができる

何かを買ったり、サービスを受けたりしたときに、料金を支払うことを「決済」といいます。決済も銀行の大切な仕事のひとつです。

「口座振込」や「口座引落し」ということばを耳にしたことはありますか？　支払いをしたりお金を送ったりといった決済を、銀行の口座を使って行う方法です。事前に手続きをすることにより、おとなが仕事をしたときに受け取る給料が、毎月決まった時期に自動的に口座に振り込まれます。また、電気やガスの料金などが、引き落とされたりします。ほかにも、口座振込などを使うことで、県外や外国などのはなれた場所への送金なども瞬時に行うことができます。

### 為替

口座振込や口座引落しは、実際のお金が移動するわけではありません。「A銀行B支店のCさんの口座から、D銀行E支店のFさんの口座に○○円送った」という情報のやりとりにより、お金が移動したことになります。

口座振込には手数料がかかりますが、その金額は銀行や振込方法、振込先、振込金額などによってことなります。

現金を動かさずに決済する取り引きは「為替」とよばれ、古くから行われてきました（→p.26）。IT（情報技術）が発達した現在は、より速くより便利に為替取引ができるようになりました。

銀行に行かなくても決済完了！

給料日には、銀行口座に会社から給料が振り込まれる。

光熱費や保険料などの支払いのため、口座からお金が引き落とされる。

# 第1章 銀行ってどんなところ？

## お金はどうやって移動する？

①Aの口座からBの口座に振込手続きをすると、Aの口座の残高がへり、Bの口座の残高がふえたという情報が銀行のコンピュータに記録され、お金は移動したことになる。

②Bの口座からお金を引き出したり、ほかの口座にお金を振り込んだりすると、Bの口座の残高がへったという情報が記録される。

※ 実際のお金は移動しない。

**Aの口座**
①残高がへる
手数料も引かれる

**Bの口座**
①残高がふえる
②残高がへる

**ほかの口座**

## 手数料のしくみは？

お金の取り引きを現金を使って行うと、時間や手間がかかるだけでなく、現金を運ぶときに危険がともないます。口座振込や口座引落しなど、銀行の決済サービスにより、そうした負担から解放される代わりに、利用者は銀行に手数料を払います。この手数料は銀行の収益の一部となっています。

## 外国為替って何？

日本の通貨は「円」で、国内のどこへ行っても使うことができます。しかし、外国にはその国それぞれの通貨があります。外国に行ったり、仕事で外国とやりとりをしたりする場合に、円は使えません。たとえばアメリカとの取り引きの場合、アメリカの通貨であるドルと円とのやりとりになるので、まず2つの通貨を交換します。それが「外国為替」です。その場合、交換が公正になるように決める比率を「為替レート」といいます。為替レートは毎日変動しているので、外国と仕事をしている人はつねにチェックしています。銀行では外国為替の取り引きも行っています。

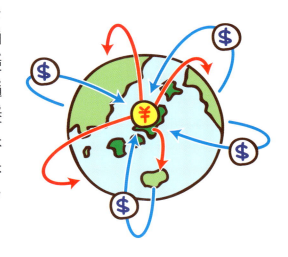

ローンって何だろう？

# ③お金を貸す〜融資

## まとまったお金が必要な人や会社のために貸し出す融資

家や自動車のような高額のものを買う場合や、子どもが高校や大学に進学する場合、まとまったお金が必要になります。そうした人に、お金を貸し出すのも銀行の大切な仕事のひとつです。個人や家庭だけでなく、会社や団体などにもお金を貸し出し、一定期間内に返済してもらいます。お金の貸出は「融資」、または「ローン」とよばれます。返済額には利子が上乗せされ、それが銀行の収益となります。融資は、銀行を支える大きな収益の要です。

おもなローンの種類

**住宅ローン**
家を新築したり、マンションを購入したりする人に行う融資。リフォームや修理などに利用する場合もある。

**カーローン**
自動車を購入する人に行う融資。

**教育ローン**
子どもの進学、留学といった、教育資金が必要な人に行う融資。

**カードローン**
利用限度額を設定したカードをつくり、ATM（→ p.40）などを使って行う融資。限度額の範囲内で自由に借入ができる。

## 第1章 銀行ってどんなところ？

### 融資するときには審査がある

お金を貸しても、返済されなかった場合、銀行は損をしてしまいます。とくに相手が会社の場合、貸し出す金額が大きくなるぶん、返してもらえなかったときの損失も大きくなります。

そのため、銀行では貸す相手をくわしく調べて、返してもらえると判断した場合にだけ融資をします。場合によっては保証人をたてることがあります。保証人は、お金を借りた人が返せなかった場合、代わりに銀行に返さなければなりません。

そのほか、土地や建物などを担保にとることもあります。担保とは、お金を返してもらえなかった場合、その人がもっている土地や建物をお金の代わりにもらう約束のことです。

### 審査のポイントは？

---

 **気をつけたい！ 多重債務って何？**

「多重債務」は、複数の銀行や消費者金融などからお金を借りて、返すことがむずかしくなっていることを指します。

多重債務をかかえている人の中には、返すあてもないのに借りてしまった人もいれば、とつぜん病気になるなど、思わぬできごとによって収入がへり、やむをえず借りてしまった人もいます。お金を返すためにまた借りるというくり返しで、借金を重ねてしまうのです。

保険もあつかっているの？

## ④そなえる、ふやす～「保険」、「投資」

### 将来のお金の用意

病気や事故はいつ自分の身に起こるかわかりません。人はだれもが年をとりますし、とつぜんまとまったお金が必要になることもあります。

銀行では将来にそなえ、終身保険や医療保険、介護保険といったさまざまな保険商品を取りあつかっています。また、いまもっているお金をふやす目的の投資商品も取りあつかっています。いずれも、手数料が銀行の収益となります。

### 将来にそなえる「保険」

2007（平成19）年末から、保険会社が取りあつかっているすべての保険商品を銀行でも売ることができるようになりました。終身保険のほか、火災保険や自動車保険といった損害保険、個人年金、さらに銀行専用につくられた新しい保険商品もあります。銀行は、保険商品を売った手数料を保険会社から受け取るしくみになっています。

銀行で取りあつかうおもな保険商品の種類

## 第1章 銀行ってどんなところ？

### お金をふやすための「投資」

銀行で取りあつかう取り引きを金融商品とよびます。預金や住宅ローンなどの融資も金融商品です。そして金融商品のなかには、「お金をふやす」ための投資商品もあります。預金の利子だけではなく、もっと高い利益を期待して買う商品で、代表的なものに投資信託や外貨預金があります。

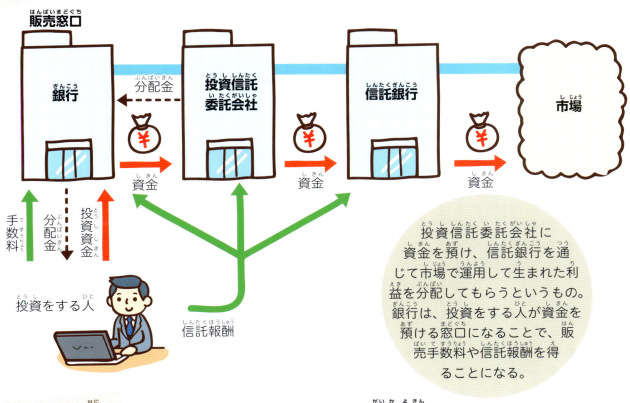

### 投資信託のしくみ

投資信託委託会社に資金を預け、信託銀行を通じて市場で運用して生まれた利益を分配してもらうというもの。銀行は、投資をする人が資金を預ける窓口になることで、販売手数料や信託報酬を得ることになる。

### 外貨預金って何？

アメリカのドルや、ヨーロッパのユーロといった外国の通貨で預金をすること。日本よりも金利の高い国で預金すれば、利子もふえることになる。
ドルで預金する場合、まず円をドルに交換して始める。為替レートは毎日変動しているので、預けたときよりも、円安になると多くのドルと交換できるので、利益が生まれる。
ただし、円高の場合は少ないドルとしか交換できず、損をしてしまう。また、通貨を交換する際にはかならず為替手数料がかかる。窓口である銀行はこの手数料を収益にしている。

### 外貨預金のシミュレーション

投資資金　100万円

↓ ドルに両替して定期預金へ（1ドル＝100円）

9900.99ドル（＝99万99円）　銀行の手数料を1ドルあたり1円支払う　100万円÷101円

↓ 金利3％の1年定期だと……

1万198ドル（利子297ドル※）　銀行の手数料を1ドルあたり1円支払う　1万198ドル×99円

↓ 円に両替（1ドル＝100円）

100万9602円

※実際は利子から税金が引かれる。

# どんな関係が成り立っているの？
# 会社と銀行とのかかわり

## 銀行なしでは会社の経営は成り立たない？

　会社※と銀行はたいへん深くかかわっています。そのひとつが資金の決済です。取り引きにまつわるお金のやりとりは銀行を通して行われます。社員の給料の支払いなども銀行を通します。

　そしてもっとも大きな役割が、融資といえるでしょう。会社が新しい社屋を建てたり、機械を導入したりするときには、多くの資金が必要になります。その資金を銀行が融資するのです。個人への貸出とは金額の規模がちがうので、銀行にとっては大きな収益源である一方、リスクが高く、融資の見極めも慎重になります。会社への融資には、担当行員のほかに、融資の担当や支店長などもかかわります。

　そのほか、投資信託や外貨預金といった資金の運用や、新しい事業の手助け、吸収合併など、銀行と会社はおたがいに助け合う関係をきずいているのです。

### 銀行が会社へ行うこと

銀行→会社

**資金の決済**
取引代金の支払いや受け取り、社員への給料といったお金の出入りを銀行の当座預金口座を通して行う。

**融資**
会社の運営にかかわるお金を貸す。金銭消費貸借契約を結ぶ証書貸付、1年以内の貸出の手形貸付、会社の財務内容に合わせた当座貸越といった貸付。

**資金の運用**
投資信託や外貨預金など、個人向けと同じ商品を会社にも販売。

**その他**
海外へ進出するときのアドバイス、株式上場の手助けや、会社どうしをお見合いさせて、事業拡大をはかる手助けをするビジネスマッチングなど。

※会社：法律に基づいて設立された、経済活動を行う法人で、「企業」ともいう。

第 1 章　銀行ってどんなところ？

### メインバンクの仕事

　大きな会社になると、いくつかの銀行と取り引きをしています。その中でもっとも深くかかわっている銀行を通称「メインバンク」とよんでいます。具体的には、多くの社員に給料の振込を行い、もっとも多くの融資を受けている銀行を指します。お金を借りるときに、ほかの銀行よりかんたんに話がまとまる場合もあります。

　そのため、メインバンクの担当行員はその会社の内情をよく知っていなければなりません。ときには経営の内容に意見を出したりアドバイスをしたりして、会社を支えます。

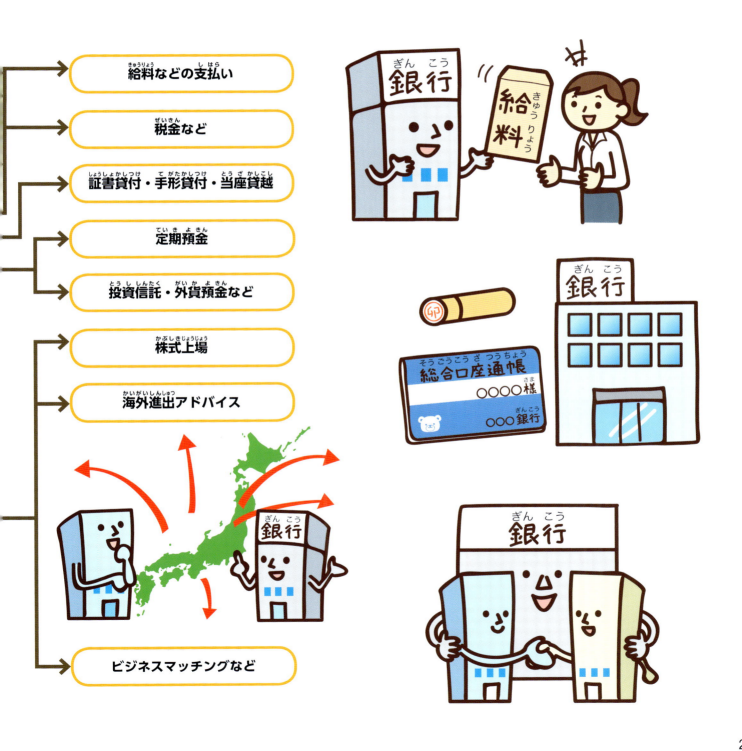

- 給料などの支払い
- 税金など
- 証書貸付・手形貸付・当座貸越
- 定期預金
- 投資信託・外貨預金など
- 株式上場
- 海外進出アドバイス
- ビジネスマッチングなど

23

## ほかの銀行とどうちがう？
# 日本銀行の役割

### 日本で唯一の中央銀行

　日本銀行は、わたしたちが使うお札を発行できる、日本で唯一の中央銀行です。名前に「銀行」とつきますが、ほかの銀行のように収益を目的とせず、経済が安定するように金融環境を整えることを目的としています。「発券銀行」「銀行の銀行」「政府の銀行」の３つの役割があります。

### 発券銀行

　日本のお札はすべて日本銀行が発行しています。そのためお札は「日本銀行券」とよばれることもあります。お札を見てみると表に「日本銀行」、裏にはローマ字で「NIPPON GINKO」と印刷されています。お札は独立行政法人国立印刷局でつくられて、まず日本銀行の金庫に保管され、その後、銀行などの金融機関に回っていきます。また金融機関からもどってきたお札は検査をして、古くなったり傷んだりしたものは裁断・廃棄されます。

#### お札の一生

**国立印刷局**
お札が生まれる。

各銀行にわたる。

**日本銀行**
古いお札がもどる。
傷んだり古くなったりした
お札は裁断・廃棄。

借入・引出し　預金

**銀行**

**会社**
借入・引出し　預金

給料

口座からの引出しや借入などにより個人や会社にわたり、世の中を回っていく。

借入・引出し　預金

**個人**

借入・引出し　預金

**お店**

買い物

第 1 章　銀行ってどんなところ？

## 銀行の銀行

　日本銀行は個人との取り引きは行わず、銀行との取り引きをします。銀行は、わたしたちと銀行との取り引きと同じように、日本銀行に預金をしたり、その預金を引き出したり、お金を借りたりできるのです。銀行がもつ日本銀行の預金口座を「日銀当座預金」といいます。

　金融機関どうしの間では、毎日大量のお金のやりとりが行われています。ちがう銀行どうしのお金のやりとりの際にも、日本銀行を通すことで安全なやりとりができるのです。

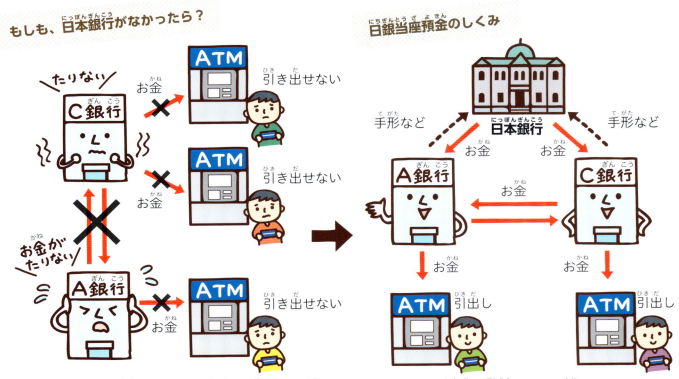

　年末など、お金の引出しがふえる時期は、銀行のお金がたりなくなったり、一部の銀行にだけお金がふえたりする。そうした場合、日本銀行は、お金がたりない銀行が持っている手形などを購入する。すると、銀行にはお金が入るので、決済をする人やお金を引き出す人たちがこまらずにすむ。

## 政府の銀行

　日本銀行には政府の預金口座もあります。国民から集めた税金や社会保険のかけ金などが預けられています。公共事業や公務員の給料、国民の年金など、国民のために使うお金はこの口座から引き出します。

　こうした国のお金を「国庫金」といい、日本銀行が管理しています。

# いつ、できたの？ 銀行の始まりと発展

## 江戸時代に発達した両替商

　明治時代に日本で最初の銀行ができるまで、お金の取り引きは「両替商」というところが行っていました。その起源は室町時代といわれていますが、大きく発達したのは、江戸時代に幕府がお金の価値を全国で統一する動きを始めたころです。江戸時代には金貨、銀貨、銭貨（銅銭）という3種類のお金があり、流通する地域や価値もそれぞれちがっていました。金貨で買うものと銀貨で買うものにわかれ、交換するときの割合もちがうので、公正な取り引きができていませんでした。そこで両替商が間に入り、天秤などを用いた公正な交換を行ったのです。

　さらに、現在も銀行の大きな仕事のひとつである「為替」も両替商によって発達しました。両替商が為替手形を発行することで、広い範囲で商売などの取り引きが行えるようになりました。

　そのほか、お金を貸したり遠くへ送金したりするなど、いまの銀行に近い業務を行っていたのです。

### 両替商の為替業務

江戸の商人が大坂の商人に代金を支払う場合、現金を直接届けるのは危険がともなう。そのため、江戸で両替商に代金を渡して為替手形（支払いを依頼した証書）を発行してもらい、その手形を受け取った大坂の商人が指定の両替商に持っていき、代金を受け取るしくみができていた。

## 第1章 銀行ってどんなところ？

## 渋沢栄一が開業した「第一国立銀行」

日本で最初に「銀行」ということばが使われたのは、1872（明治5）年に、アメリカの銀行制度を参考にした「国立銀行条例」がつくられたときです。当時はお札の発行を目的にしていました。

時代が明治になり、お金の単位は「円」に統一されます。近代化が進むなか、1873（明治6）年、日本で最初の近代的な銀行、第一国立銀行が開業しました。ヨーロッパの法律を学ぶなど、開業のために力をつくし、初代の頭取となったのは、大蔵省（現在の財務省）にいた渋沢栄一です。これにより渋沢は「日本資本主義の父」とよばれるようになりました。

その後、国立銀行以外でも「銀行」という名前を使ってもよいことになり、三井銀行、安田銀行などが開業し、今日のような発展をとげました。第一国立銀行はその後営業を終え、「株式会社第一銀行」となります。以降、合併や統合などをくり返し、2018（平成30）年現在「みずほ銀行」となっています。

1873（明治6）年に開業した「第一国立銀行」の図。現在の中央区日本橋兜町辺りに建てられた。頂上に展望台を据えた5層から成る和洋折衷建築は、当時の話題を集めた。

### 近代的な銀行の始まりはイギリス

17世紀のイギリスでは、新しく商売を始めようとする人が、資金を必要とするようになりました。そこで一般の人たちからお金を預かり、貸してほしい人たちにそのお金を貸し、利子をもうけにするという、いまの銀行と同じしくみの商業銀行が発達したのです。

# COLUMN 「振り込め詐欺」に注意しよう！

　「振り込め詐欺」ということばを耳にしたことはありますか？　さまざまな手口で人をだましてはお金を振り込ませる詐欺のことで、2000年代に入ってから被害が多発しました。当初はおもに老人を対象に、「オレ、オレ」と子どもや孫のふりをして「事故を起こした」「会社のお金をなくした」などと言って、特定の口座にお金を振り込ませることから、「オレオレ詐欺」とよばれていました。しかし、事件が広まるにつれ、会社の上司のふりをする、お金を貸した人のふりをするなど、振り込ませる理由も多様化したことから、2004（平成16）年、警察庁により「振り込め詐欺」と命名されました。

　犯人たちはグループをつくるなど組織化し、詐欺の手口も複雑化しています。あの手この手を使い、新しい手口を考えてはお金を引き出そうとしているので、注意していてもだまされてしまう人が少なくないのです。もしかすると、おうちの人がねらわれるかもしれません。おじいちゃんやおばあちゃんもふくめて家族でいっしょに情報を集めながら、いざというときの対策を考えておくのもよいでしょう。

　警察庁のホームページには被害にあわないための対策が紹介されているので、確認しておくとよいですね。

**警察庁のホームページ**

https://www.npa.go.jp/safetylife/seianki31/1_hurikome.htm

# 第2章
# 銀行で働く人びと

## どこで、どんな人が働いているかな？
# これが銀行だ！

### 銀行の支店の中を見てみよう

銀行は、広さのちがいはあるものの、職場のようすは本店も支店もほとんど同じです。

なにげないように見える机やいすの配置などにも、じつはさまざまな工夫があります。

**支店のようす**

**案内係**（→ p.32）
来店したお客さまを案内する人。

**ATM（現金自動預払機）**
（→ p.40）
出入り口のすぐ近くにある。

**窓口**
立ったまま用件をすませられるハイカウンターと、ゆっくり座って用件を話すためのローカウンターがある。

**ローカウンター**

**ロビー**（→ p.32）
番号札の機械や座って待つためのいすがならんでいる。

## 第2章 銀行で働く人びと

### どんな人が働いているかな

銀行もひとつの会社なので、役職の高い人もいれば、新入社員もいます。パートタイムで働く人や派遣社員もいます。また、職場内での仕事が中心の人や、外回りの仕事が中心の人もいます。

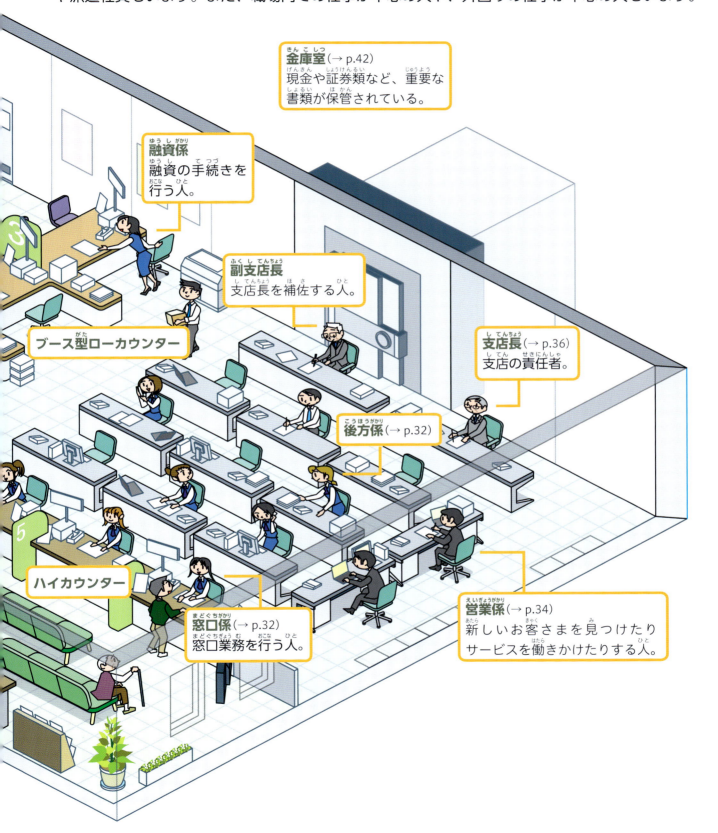

**金庫室**(→ p.42)
現金や証券類など、重要な書類が保管されている。

**融資係**
融資の手続きを行う人。

**副支店長**
支店長を補佐する人。

**ブース型ローカウンター**

**支店長**(→ p.36)
支店の責任者。

**後方係**(→ p.32)

**ハイカウンター**

**窓口係**(→ p.32)
窓口業務を行う人。

**営業係**(→ p.34)
新しいお客さまを見つけたりサービスを働きかけたりする人。

# 銀行で最初に応対してくれる人は？
# ロビーの人たちの仕事

ハイカウンターで接客する銀行員。

## 来店したお客さまに応対する役割

　銀行の店内に入ったところ全般をロビーといいます。お客さまがロビーに入ると、用件をたずね、番号札の機械に案内してくれる「案内係」がいます。お客さまは番号札をとり、ロビーにあるソファなどに座って自分の順番を待ちます。
　番号がよばれ、カウンターで応対してくれるのは、「窓口係※」とよばれる人です。口座の開設や公共料金の支払いなど、用件を伝えれば必要なことを教えてくれたり、書類の処理をしてくれたり、ほかの係へ案内してくれたりします。
　窓口の後ろでは、「後方係」とよばれる人たちがより複雑な処理を行っています。案内や窓口、後方の業務は交代で行います。お客さまと接する機会がもっとも多い銀行員（行員）が、ロビーの人たちといえるでしょう。

※窓口係を「テラー」という場合もある。

## 働く人にインタビュー

# 第2章 銀行で働く人びと

### Qestion どんな仕事ですか？

ロビーの業務は1日に何人ものお客さまと接します。初めての人でも安心していただけるように、いつも笑顔で誠実に接客するようにしています。また、お金をあつかう仕事なので、どんなにいそがしいときも「正確に、スピーディに、慎重に」を心がけています。

### Qestion やりがいは？

銀行の仕事をしていると、お金にかかわるさまざまななやみや問題に直面します。それでもお客さまの立場を考え、自分が提案したことがお客さまの役に立ち、喜んでいただけたときは本当にうれしく、やりがいを感じます！

大切なお金をあつかう仕事だからこそ、正確さが要求される。

銀行にはお客さまを笑顔にするサービスがいっぱいあります！

### Qestion 必要な道具は？

打ちこんだ数字を印字するための「加算機」をよく使います。印鑑とボールペンも窓口の仕事にかかせません。

窓口での接客のようす。

加算機　印鑑

りそな銀行目黒駅前支店・ロビー担当

---

## COLUMN なぜ銀行は午後3時に閉まるの？

銀行の営業時間は、午前9時から午後3時（15:00）までが一般的でした。これは銀行法施行規則で決められた、開店しなければならない最低の時間です。各銀行の判断で営業時間を変更してもかまいません。

りそな銀行では、お客さまの利便性を考えて、午後5時（17:00）を閉店時刻にしています（一部例外あり）。閉店したあとも行員たちには、お金を計算し、書類を整理するなど、さまざまな仕事が待っています（→ p.39）。

## どんなことをしているの？
# 営業係の仕事

### お客さまと銀行を結ぶ役目

「営業係※」は、銀行のお客さまである個人や会社のさまざまな要望にこたえるための業務を行っています。

大きくは「個人」担当と、会社を担当する「法人」担当の２つにわかれていますが、それぞれに新しいお客さまを見つける業務と、すでに利用者となっているお客さま（個人・会社）に、融資や商品などをすすめる業務を行います。

また、お客さまから融資の申し込みを受けると、融資がスムーズに行われるように、銀行内での手続きを進めます。さらに、お客さまを定期的に訪問し、会社であれば経営の相談にのったり、ときにはアドバイスをしたりして、お客さまの課題をいっしょに解決します。

※渉外係や得意先係という場合もある。

### 営業係のある日のスケジュール

**8:40 朝礼**

**9:00 予定を確認**
メールをチェックし、スケジュールを確認する。

支店内は私物のもちこみが禁止。営業担当の人も携帯電話を決められた場所に置き、外出するときだけもつ。

**10:00 外出・お客さまを訪問**
外回りは自転車で行う場合が多いが、雨や雪の日は電車やバスを乗り継いで、お客さまを訪問する。

34

## 第2章 銀行で働く人びと

会社を訪問して商談。会社の社長とのさまざまな会話は、勉強になることがたくさんある。

12:00 昼食・昼休み
13:00 外出・営業活動
16:00 帰社
18:30 退社

訪問記録や支店長への報告、事務処理など。また、稟議書（→p.37）を作成する。

### 働く人にインタビュー

**Qestion どんな仕事ですか？**

法人の営業係として、数十社の会社を担当しています。メインとなる仕事は融資ですが、社長や従業員の方の預金やローンの案内なども行います。

この仕事でもっとも大切なのは信頼関係です。申しこまれた融資は実行できるよう力をつくしますが、融資がその会社のためにならないと判断した場合には、ほかの手段を考えることもあります。担当する会社と自分の勤める銀行の両方にとってよい取り引きになるよう、いつも考えています。

お客さまの大きな夢を実現するためにがんばっています！

融資やご提供するサービスによって、お客さまの会社の業績がのびると、社長や社員だけでなく、その会社が生みだした新しい商品やサービスによって、世の中全体が豊かになります。そのお手伝いをしているんだという責任感とほこりをもって、仕事をしています。

**Qestion 必要な道具は？**

タブレット端末、電卓、手帳。融資のパンフレットや資料をタブレット上で確認できます。

**Qestion 心がけていることは？**

りそな銀行目黒駅前支店・営業係

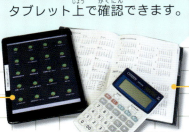

タブレット端末
電卓
手帳

# 人と人とのつながりを大切にする！
## 支店長の仕事

### 支店全体の旗振り役

支店をひとつの会社にたとえた場合、支店長は社長の立場になります。支店の業績を上げるための作戦を考えたり、社員をサポートしたりして、支店全体の業務がうまく進むように、旗を振って先導する役割です。

また、毎日たくさんの書類に目を通し、最終的な判断をするという重要な役割もあります。支店全体で起こるすべてのことに責任をもち、銀行だけでなく、お客さまの利益を考えて、決断や実行をするのが支店長の仕事なのです。

> お金をどう活用すれば世の中の役に立ち、人びとの幸せにつながるかをいつも考えています！

りそな銀行目黒駅前支店・支店長

朝礼では、支店長が率先して元気にあいさつする。

# 第2章 銀行で働く人びと

## 支店長にインタビュー

### Qestion どんな仕事ですか？

会社への融資には、銀行内でのきびしい審査が必要になります。大きな融資額になると本店の審査部が行いますが、ある一定の額までは各支店内の審査で決められます。営業担当者がその会社の経営状態や財務状態、返済能力などを記した「稟議書」という書類をつくり、それを上の役職の人たちがチェックし、全員が承認したときだけ融資が実行されるのです。

稟議書を最終的に判断をするのが支店長です。銀行と融資先の会社両方の経営を左右する決断ですから、支店長の責任は重大です。まちがいのないよう、つねに世の中の情報や経済の動きをチェックしています。

営業係から出された稟議書が副支店長に承認されると、支店長のもとに上がってくる。

### Qestion 必要な道具は？

会社や経済（→ p.51）に関する情報がのっている『会社四季報』や『日本経済新聞』は手放せません。

書類のすべてに目を通し、細かく確認・判断し、必要な処理を行う。

### Qestion 大切なことは何ですか？

銀行であつかうのはお金ですが、仕事をする相手は人です。信用していただいてやっとよい仕事ができます。そう思い、わたしたちは約束を守りつづける努力を重ねて信頼関係をきずいています。

# 密着取材！
# 銀行員の1日

## 調べよう！ 開店から終業まで

朝から夜まで、銀行の1日を見てみましょう。
都市銀行のりそな銀行を見学しました。

りそな銀行目黒駅前支店。

8:40
朝礼

8:50
係ごとのミーティング

1日のスケジュールや大切なことを全員で確認する。

シャッターを開け、お客さまをむかえる。

9:00
開店

開店中はロビーにさまざまなお客さまがおとずれる。

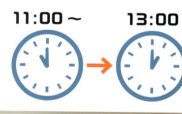
11:00〜 → 13:00
昼食など

休憩室でそれぞれが昼食をとる。ロビーの人たちは順番で1時間ずつ昼休みをとる。

第2章　銀行で働く人びと

13:00〜
午後の営業、勉強会など

営業係、窓口係など、それぞれの業務を行う。

仕事に必要な知識を得るための勉強会が行われることもある。

営業係がお客さまの会社を訪問する。

17:00
閉店

シャッターが下りて、支店の営業が終了する。

17:05
確認作業

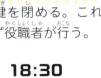
18:00
金庫室を閉める

1日の最後に現金や重要なものをすべて保管して、金庫室の鍵を閉める。これはかならず役職者が行う。

その日1日の集計（勘定の締め上げ）をする。お札を数える機械を使い、100枚ずつ束にして封をする。

18:30
退社

## どんなしくみで動いているの？
# ATM のひみつ

### お金が出てくるすごい機械「ATM」

銀行の入り口の近くにはATM（automatic teller machine／現金自動預払機）がずらりとならんでいます。ATMを使うとキャッシュカード1枚でお金を預けたり、引き出したり、振り込んだりすることができます。口座をもっていない銀行とのやりとりもできるのでとても便利です。
銀行だけでなく、商業施設やコンビニエンスストアの中、駅の構内などにも設置され、24時間365日使用できるものもあるので、たいへん重宝されています。

1万円を引き出すようす。

ATMでは残高照会や入出金、振込、通帳記入、ローン返済などが行える。

### ATMのしくみは？

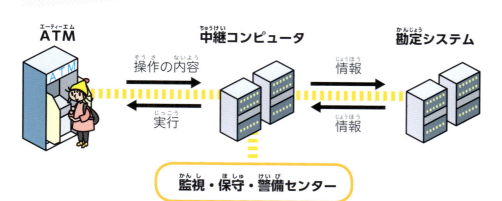

ATMは入出金の管理などをする中継コンピュータと専用回線でつながり、さらにそのコンピュータは口座の動きを管理する銀行の「勘定システム」とつながっている。
ATMでお金の動きがあれば、すぐに情報が伝わり、口座の記録が書きかえられる。

40

# 第2章 銀行で働く人びと

## ATMでお金を引き出す方法

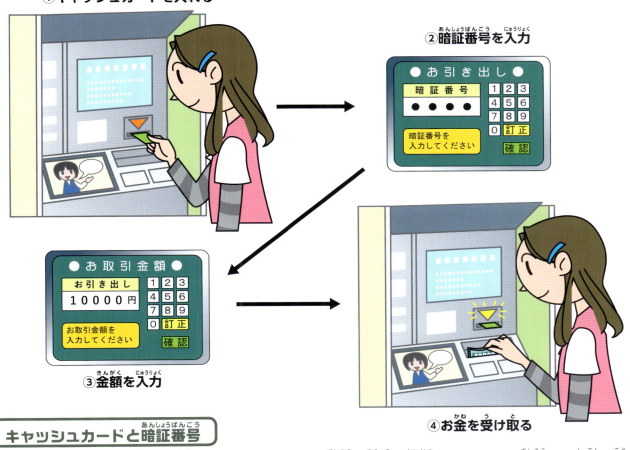

① キャッシュカードを入れる
② 暗証番号を入力
③ 金額を入力
④ お金を受け取る

### キャッシュカードと暗証番号

キャッシュカードはATMで使うためのカードです。銀行で口座を開設すると、「●●銀行□□支店　口座番号1234……」というように、口座の情報が登録されます。キャッシュカードにはそれと同じ情報が記録されているので、通帳や印鑑を見せなくてもお金の出し入れができるのです。ただし、本人以外が使えないよう、4けたの暗証番号を決めておく必要があります。暗証番号はむやみに人に教えてはいけません。

## COLUMN 指でわかる!?　生体認証って何？

従来のキャッシュカードは口座の情報を磁気情報で記録していましたが、最近はより安全にするためにICチップを使ったタイプ、さらに、生体認証機能がついたタイプが登場しています。

生体認証は、指紋や静脈など、その人からしか得られない情報で個人を識別するしくみです。ほかの人が暗証番号を入力しても使えないので、キャッシュカードを偽造されたり盗まれたりしても不正引出しを防ぐことができます。現在、生体認証キャッシュカードは、てのひらの静脈パターンを読み取るものと、指の静脈パターンを読み取るものが使われています。

## 銀行の金庫のここがすごい！
# 厳重に守る金庫のしくみ

### とびらの厚さは1m以上!?　銀行の金庫室

お店や会社など、商売をしているところにはかならずといっていいほど金庫があります。銀行にももちろん置かれています。ただし、利用者から信用されて大切なお金を預かるわけですから、厳重に保管しなければなりません。

そのために銀行には、大きくて頑丈な金庫室が設置してあります。防火・防水はもちろん、耐震性にすぐれ、防犯上の対策もそなえられた金庫は、銀行のシンボルといえるでしょう。現金のほかに、証券などの重要書類や、一定の期間、保存が義務づけられている書類なども保管されています。

りそな銀行の支店にある巨大な金庫室。外側のとびらの厚さは1m以上。この中には現金のほか、重要書類が保管されている。ただし、近年はペーパーレス化とキャッシュレス化が進み、このような金庫室を新たに設置する支店はへっている。

第2章　銀行で働く人びと

### 貸金庫

銀行には金庫室のほかに、お客さまが直接利用する貸金庫もあります。貸金庫は、一般の人たちが契約をして使う金庫です。家よりも安全に保管できるため、有価証券や権利証、宝石など、重要なものや高価なもの、大切なものを預けるのです。使えるのは、その銀行に口座をもっていて、審査を通過した人だけになります。

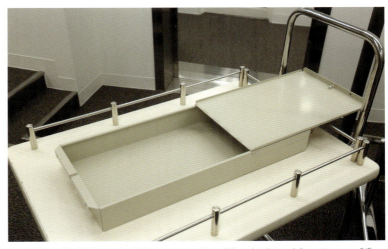

手動型の貸金庫。利用者はこの箱の中に大切な物を入れて預ける。箱の大きさは 10 cm×26cm×45cm ほど。

利用者がカードや暗証番号などを使って出し入れする「全自動型」「半自動型」と、行員が利用者に同行し、双方の鍵を併用して出し入れする「手動型」にわかれる。貸金庫の箱の大きさは高さ7cm、幅25cm、奥行45cm ほどのものから、その4倍くらいのものまである。
使うためには、利用料金（年間2万円から5万円ほど）を払う。

### 夜間金庫

夜間金庫は、銀行の窓口営業時間以降に閉店する商店や飲食店などが、その日の売上金を預けるために利用する金庫です。夜間や早朝でも銀行の外壁にある夜間金庫投入口から預けられます。

43

# こんなときは、どうする？
# もし銀行強盗におそわれたら？

## 徹底した防犯対策をとっている銀行

「銀行強盗」と聞くと映画やテレビの中の話のようですが、銀行で働いている人たちにとってはつねに現実的な危険といえます。建物の防犯設備に加え、働いている人たちだけの合図や行動のルールが決められていて、本格的な防犯訓練を行うこともあります。銀行のお金を守るための対策ですが、行員や店内にいる一般の人たちの安全を守ることが重要になります。銀行の防犯対策を見てみましょう。

## 建物や設備の防犯対策

店内のドアや柱には、床から160cm、170cm、180cmのあたりに色のついたテープがはってあります。これは犯人の身長を確認する目安にするためのもので、コンビニエンスストアにもあります。

また、店内のいたるところに防犯用の監視カメラが設置してあり、犯人の姿はあらゆる方向から記録されます。

さらに、外側から見えない秘密の場所に、警報ブザーがあります。警備会社や警察と連動しているので、犯人に見つからないようにこっそりおせば、すぐにかけつけてくれるのです。

地域によっては、カウンターに強化プラスチックの仕切りを設置している支店もあります。

窓口や出入り口にはカラーボールが置かれています。野球ボールほどの大きさで、中に蛍光色の塗料が入っています。これをにげる犯人の足もとに投げつければ、目印になって、にげてもつかまりやすくなります。

強盗が来たときは……

身長を確認する目安のテープ

カラーボール。塗料が一度つくとなかなかとれない。

## 第2章 銀行で働く人びと

### 行員たちの秘密のルール

銀行ではお客さまが来店すると口ぐちに「いらっしゃいませ」と言います。ほかのお店と同じように、接客用語のひとつですが、銀行の場合、「行員が来店した人の動きを見ている」ことを伝える役目もあります。気づかれないようにこっそりと入ろうとしてもムダだと思わせるのです。

また、犯人の身長を確認する、通報をする、顔をおぼえるなど、行員それぞれが役割をもっています。

銀行によってちがいますが、強盗に「金を出せ！」とおどされたとしても、「強盗です！」とはさけばず、秘密の合図や合いことばで、ほかの行員に伝えるようルールが定められています。これにより、強盗をしげきせずに対応できるのです。

行員のルールの例

# 銀行の現金はどうやって集めるの？
# 警備会社が活躍！

## 安全に運ぶために

銀行のお金を運ぶ仕事は、銀行の行員が行います。しかし、多くのお金を運ぶと、現金を輸送する車両が襲撃される事件※が発生するなど、危険がともないます。

そこで安全にお金を運ぶため、銀行は警備会社に警備輸送を依頼する場合があります。特殊な訓練を受けた警備員が現金や有価証券などを運ぶことで、安全、確実に目的地へ届けることができるのです。

※ 1968（昭和43）年、東京都府中市で、現金を輸送中の銀行員が、およそ3億円をうばわれた事件（三億円強奪事件）。

### お金を回収する

人のため、地域のために貢献することが、わたしたちの使命です！

無線機

護身用の警戒棒

特殊な訓練を受けた警備員が2名以上で警戒しながら現金を回収する。

ATMの中には、多くの紙幣と硬貨が入っている。ATMの鍵を開けて現金の入った箱を取りだし、頑丈なジュラルミンケースの中に入れる。

# 第2章 銀行で働く人びと

## お金を運ぶ

### 警備員にインタビュー

### Qestion どんな仕事ですか?

依頼された銀行からお金を預かり、指定された支店へ現金を運びます。ATMの中からお金を回収したり、中にお金を補充したりします。

わたしたち警備員は、民間の警備会社の社員です。事件や事故が起こるのを警戒し、防止することが職務です。あやしい人物を見つけたら、速やかに警察をよび、防犯に協力します。

外へ出るときは、周囲に不審な車両や人物がいないかを確認する。

「動く金庫」とよばれるほど、頑丈なつくりの現金輸送車で運ぶ。輸送車の動きは、警備会社の監視センターがGPSでつねにチェックしている。

回収したお金は「現金センター」へ運ばれる。現金センターのある場所は、防犯上の理由で秘密になっていて、一般に知られることはない。

ヘルメット
防弾ベスト

ALSOK・警備員

現金を輸送しているときが、強盗にもっともおそわれやすくなります。周囲に人影がなくても警戒をおこたらず、つねに集中して警備しています。

### Qestion 注意していることは何ですか?

47

## COLUMN 将来、銀行員になるには？

銀行の業務を見てきて「将来銀行員になりたい！」と思った人がいるかもしれませんね。では、銀行員になるにはどうすればいいのでしょう。

銀行（銀行の仲間もふくむ）は会社のひとつなので、まずは就職試験を受けて合格しなければなりません。大学生や大学院生を受け入れる新卒採用のほか、転職した人を受け入れる中途採用などがありますが、ここでは新卒採用を紹介しましょう。

就職試験はほかの企業と同様に、エントリーシートの提出に始まり、1次から始まる複数回の面接試験などを通過して、内定をとるまでの流れになります。銀行側も説明会やセミナーなどを開催して業務内容や方針などを教えてくれたり、インターンシップという、在学生の体験入社のような制度を用意したりして、よりよい社員を迎えようとします。経済学部や商学部が有利に思えますが、学部よりもその人の資質や意欲のようなものが重視されることが多いようです。なぜその銀行で働きたいのか、どんな仕事をしたいのかなど、明確で強い信念がある人は合格しやすいといえるでしょう。

簿記やファイナンシャルプランナーなど、専門的な資格をもつにこしたことはありませんが、必須ではありません。

また、お金をあつかう仕事ですから、信用が第一です。面接官は人を見るプロなので、信用されるべき人間として、とりつくろわず堂どうと面接にのぞむことが何より大切です。

# 第3章
# 世の中と銀行とのかかわり

# どこから来て、どこへ行くの？
# 世の中のお金の流れ

## 世の中ではたくさんのお金が動いている

わたしたちがくらしている社会では、たくさんのお金が動いています。食べるもの、着るもの、住む家、学校や塾、病院、おうちの人の会社など、お金とかかわらずに機能しているものはないといっていいでしょう。

世の中のお金には流れ方があります。お金はどこからどのように流れていくのでしょうか。

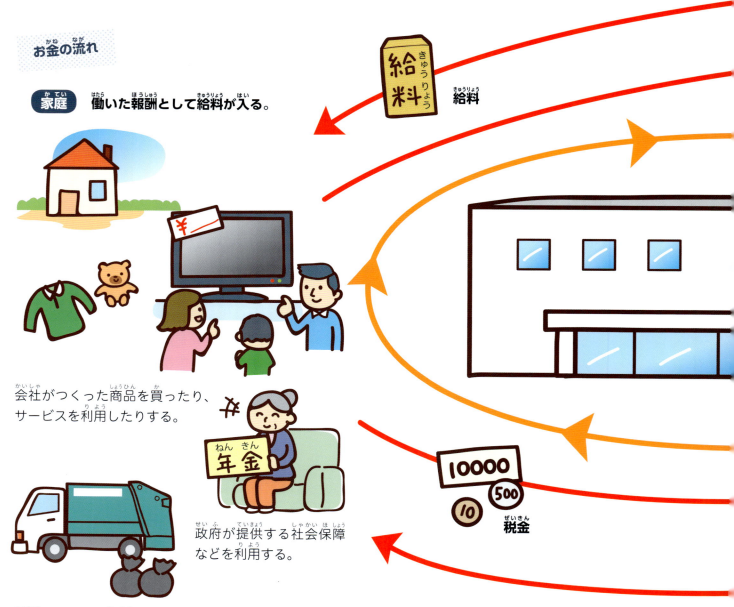

お金の流れ

家庭　働いた報酬として給料が入る。

会社がつくった商品を買ったり、サービスを利用したりする。

政府が提供する社会保障などを利用する。

公共サービスを提供してもらう。

# 第3章 世の中と銀行とのかかわり

## 経済って何？

生活に必要な物やサービスなどが会社などによって生産・販売され、それらが家庭などで購入・消費されて、お金が動く流れのことを「経済」といいます。必要な物やサービスを自分だけで用意することは困難です。だれかが生産・販売した物やサービスは、お金を払うことで購入・消費でき、自分たちが生産・販売した物やサービスにはお金をもらいます。こうした経済のしくみのうえで、わたしたちの生活は成り立っているのです。大きくは、家庭（個人）、会社、そして政府の間で、相互にお金が流れています。そして、お金の流れをスムーズにする働きをしているのが銀行なのです。

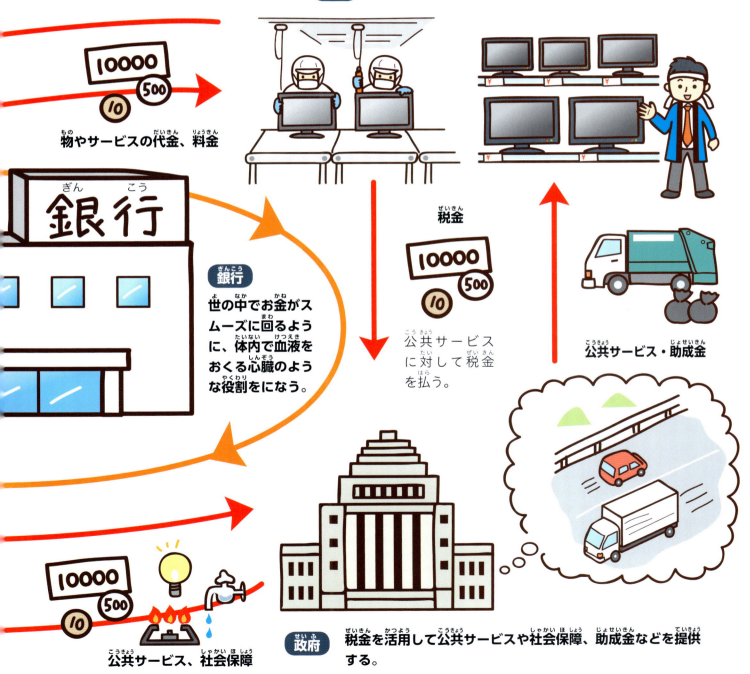

## 好景気・不景気って何？
# 景気のしくみ

### 経済活動の状態をあらわす好景気と不景気

　ニュース番組などで「景気がいい、悪い」「好景気、不景気」ということばを耳にしたことがあると思います。景気とは、経済活動の状態をあらわします。「景気がいい、好景気（好況）」は、経済の活動、つまり世の中のお金の動きがよいことを示し、「景気が悪い、不景気（不況）」は、経済活動が低下してお金が動かない状態を示しているのです。

　景気がいいことにこしたことはありませんが、景気にはかならずピークがあり、好景気と不景気はつねにくり返されるのです。

### インフレとデフレ

　景気と同じように「インフレ」「デフレ」といったことばも経済のニュースでよく耳にします。「インフレ」とは、「ふくらむ」という意味の「インフレーション」という英語を略したことばで、好景気がつづき、物価がどんどん上がっている状態を示します。「デフレ」とは「ちぢんだ状態」を意味する「デフレーション」の略で、不景気により物価がどんどん下がっている状態を示します。

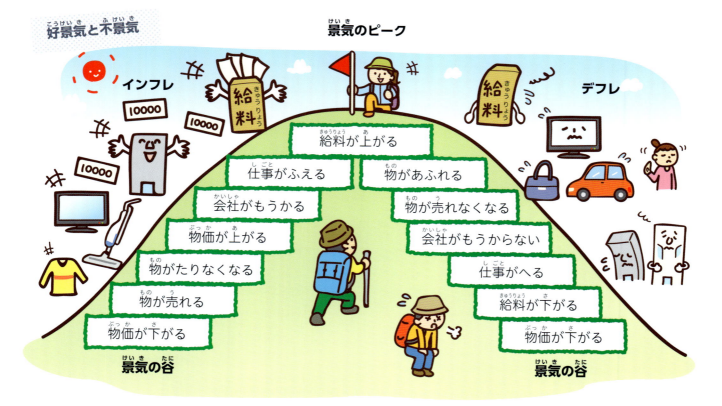

## 第3章 世の中と銀行とのかかわり

### 景気がよくなると株価はどうなるの？

経済関連のニュースなどでよく耳にする「株価」や「株式」。これは株式会社のしくみから生まれたことばです。

会社をつくるときや大きくするとき、会社は「株式」を発行し、自分の会社を応援してくれる人に買ってもらうことにより資金を集めます。株式を買った人を株主といい、「株価」とは株の価格のことを指します。株式を買いたい人がたくさんいると株価は上がり、売りたいと思う人がたくさんいれば、株価は下がります。

景気と株価には大きなかかわりがあるといわれています。景気がよくなり、会社の状況がよくなると、会社の株価が上がります。すると、その会社はもちろん、株主も配当金でもうかります。配当金とは、会社がもうかったときのもうけの一部を株主にはらうお金のことです。株価が下がると逆のことが起こり、景気は悪くなるのです。

#### 株価と株主、株式会社

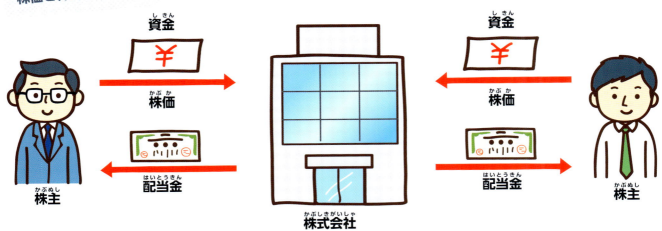

### バブル経済って何？

「バブル経済」は、1980年代後半から90年代の初め（平成2年ごろ）にかけて日本で起こった好景気のことを指します。バブルとは「泡」のことで、どんどん泡がふくらむように株価や土地の値段が上がっていった状態からこうよばれるようになりました。

不況がつづいていた1985（昭和60）年に行われた先進国の中央銀行総裁会議のあと、日本銀行は、銀行に貸し出すお金の金利（公定歩合）を引き下げ始め、1987（昭和62）年には2.5％まで引き下げました。それにより会社は安い利子で融資を受けられるようになり、事業をどんどん拡大したのです。不動産会社が土地をいっせいに買いしめたことから、土地の値段も急上昇しました。多額のお金が動くようになると会社全体の株価も上がり、かつてない好景気となったのです。

しかし1990年代に入ると、景気がピークを迎えます。公定歩合は6％に上がり、株価もどんどん下がり、多くの会社が倒産しました。この現象は「バブルがはじけた」「バブル崩壊」などと表現されています。

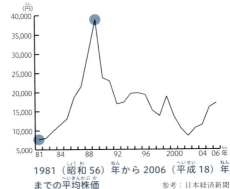

1981（昭和56）年から2006（平成18）年までの平均株価

参考：日本経済新聞

銀行は景気と関係あるの？
# 銀行の好景気・不景気

## 銀行がつぶれることもある？

銀行にはたくさんのお金が集まります。集まったお金を運用して利益を出さなければ、銀行はもうかりません。利益が上がらず、損失がふえれば、銀行はつぶれてしまいます。

1990年代後半から、日本では銀行や証券会社などの金融機関の倒産があいつぎました。それまでの10年間ほどは好景気がつづき、銀行はさまざまなところにお金を貸したり、投資をしたりしていましたが、好景気はピークに達し、不景気に転じました。あまい審査で行っていた融資や投資は、返してもらえなかったり、価値がなくなったりしてお金の回収ができず、大きな損失をまねいたのです。銀行の倒産は、取引業者など多くの会社や人びとに影響をおよぼしました。それ以降、銀行の経営はよりきびしく管理されるようになりました。

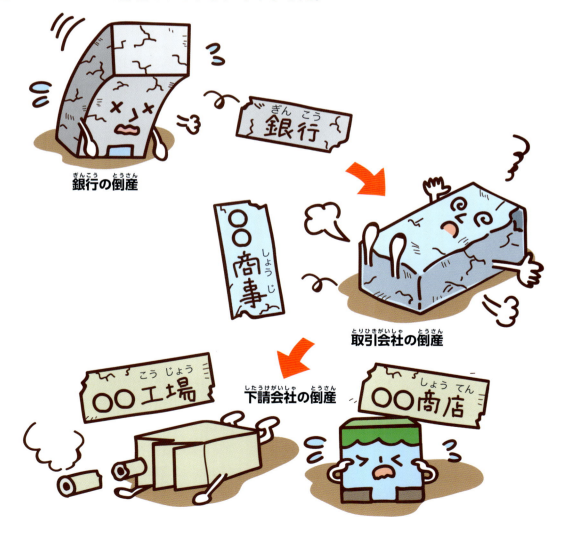

第3章　世の中と銀行とのかかわり

## ペイオフって何？

　銀行がつぶれてしまった場合、預金してあるお金はどうなるのか心配ですね。そうした心配に応えるのが、一定の預金を守る「ペイオフ」という制度です。銀行がつぶれてしまった場合にそなえ、1971（昭和46）年に全国の銀行、政府、日本銀行などが資金を提供してつくった「預金保険機構」がその業務を行います。ただし、1990年代後半の不景気の際には政府が預金を保護することにし、ペイオフは凍結しました。2005（平成17）年にペイオフが解禁されたあとは、預金は下の表のように保護されています。

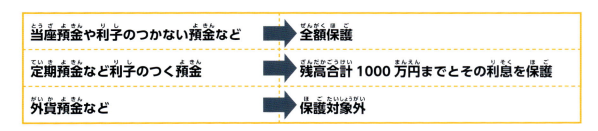

| 当座預金や利子のつかない預金など | ⇒ 全額保護 |
| --- | --- |
| 定期預金など利子のつく預金 | ⇒ 残高合計1000万円までとその利息を保護 |
| 外貨預金など | ⇒ 保護対象外 |

## 銀行を監督する「金融庁」

　銀行をはじめとするさまざまな金融機関を監督をしているのは、内閣府の下にある「金融庁」です。銀行にかかわる法律をつくり、それがきちんと守られているかを監視し、問題や違反があれば、業務改善命令などの処分を行います。お金をあつかう銀行には、一般の会社とくらべて多くの決まりがあり、金融庁によってきびしく監督されているのです。金融庁のおもな仕事は次の3つです。

①お金を貸したり、借りたりするときのしくみ（金融制度）についての法律やルールの制定。
②銀行などの金融機関に対する検査・監督。
③株式などの取り引きについての監視。

　とくに銀行を悩ませるのが、②の検査・監督でしょう。検査は不定期に行われます。各銀行に2年に一度くらいの割合で行われるのですが、銀行にそのことが知らされるのは2週間ほど前なので、必要な書類や面談での質疑・応答の準備などを通常の業務以外の時間で行わなければならず、とてもいそがしくなります。
　しかし、もし問題が見つかった場合、業務停止や業務改善命令、あるいは免許取り消しといった行政処分がくだされるので、行員は必死で間に合わせるのです。

55

# 国は経済とどうかかわっているの？
# 経済を安定させる政策

## 政府が行う経済の調整〜財政政策

　物を買う立場で考えれば、物価の低いデフレの状態のほうがいいように思えますね。でも、世の中のお金はぐるぐると流れていることを思い出しましょう。

　景気の変動をなるべく小さくし、経済を安定させるための方法として、政府が行う「財政政策」があります。社会保障や税金の徴収額を上げたり下げたりして、国民の負担を調整する方法もありますが、もっとも多いのが公共事業です。公共事業は政府が、高速道路をふくむ道路、橋、空港、学校、図書館といった、国民が利用するさまざまな施設や設備をつくる仕事です。不景気のときは公共事業をふやすことでお金の流れを活性化し、逆に好景気がつづいているときには公共事業をへらして、経済の安定をはかります。

### 公共事業がもたらすものは

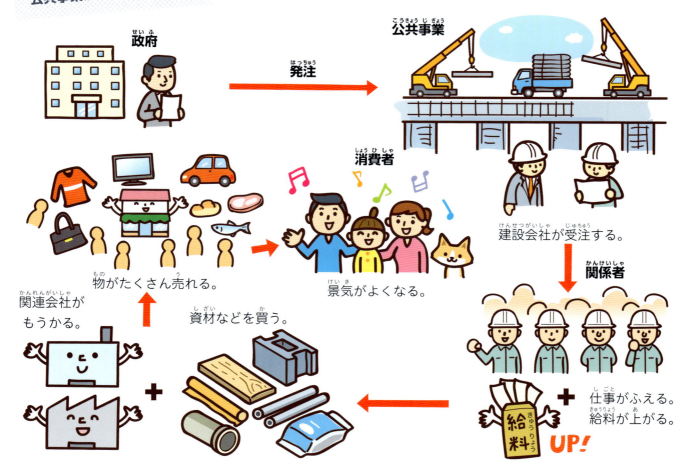

第3章 世の中と銀行とのかかわり

## 日本銀行が行う経済の調整～金融政策

経済を安定させる方法にはもうひとつ、日本銀行が行う「金融政策」があります。

金融政策の中心となっているのが「公開市場操作」です。不景気やデフレにより経済が動かない状態のときには、社会に出回るお金の量をふやし、逆に景気がよすぎるときには、物価が上がりすぎないように、社会に出回るお金の量をへらして経済の安定をはかります。

### 公開市場操作

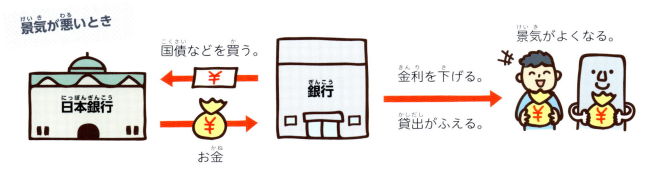

日本銀行が一般の銀行から国債・公債・有価証券などを購入することで、銀行の現金がふえる。すると、会社や一般の人に対する貸出がふえ、社会に出回るお金の量がふえる。

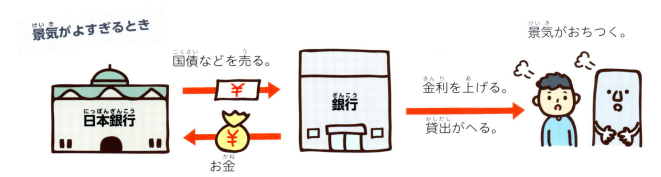

日本銀行が一般の銀行に国債・公債・有価証券などを購入させることで、銀行の現金がへる。すると、会社や一般の人に対する貸出がへり、社会に出回るお金の量がへる。

### 預金準備率操作と公定歩合操作

日本銀行は何かあったときのために、銀行から預金の一部を預かっています。預かる割合を「預金準備率」といい、それを引き上げると銀行の資金量がへって社会に出回るお金はおさえられ、逆に引き下げるとふえます。そこで、この預金準備率を操作して、経済を安定させることがあります。また、銀行が日本銀行からお金を借りるときの金利である「公定歩合」を操作することもあります。公定歩合を引き下げると、銀行が会社や個人に貸し出す金利も下がるため、お金を借りやすくなって、景気がよくなります。

## 時代とともに、何が変わったの？

# 銀行の新しいかたち

## ネット銀行って何？

　パソコンやスマートフォンなどを使い、インターネット上でお金の取り引きができる銀行のことを一般に「ネット銀行」とよびます。日本では 2000（平成 12）年に初のネット銀行が開業し、以後少しずつ広がり、その数もふえてきました。ネット銀行は 10 ページで説明した銀行の種類では「その他の銀行」の仲間に入ります。

　貯蓄や決済、ローンなど一般の銀行と同じ取り引きができますが、大きなちがいは本店や支店などの店舗がない、または少ないことでしょう。インターネット上の操作で曜日や時間も関係なく利用でき、通帳は発行されず、印鑑も必要ありません。取り引きの記録や残高などはインターネット上で確認できます。現金をあつかう場合だけ、コンビニエンスストアなどの ATM を利用します。

　さらに、店舗をもたないぶん費用をおさえられるので、一般の銀行より手数料が安かったり、利子が高かったりするなどの利点があります。

### ネット銀行の口座開設

口座を開設したいネット銀行を決めたら、そこのホームページにある「口座開設」へ進む。

パスワード

住所

生年月日

年齢

名前

　申し込みフォーム画面が出てくるので、名前や住所など必要事項を記入し、「申し込む」などのボタンをクリック（タップ）する。専用アプリなどで運転免許証などの本人確認書類を送り、申し込み完了。

　2 日〜2 週間ほどでキャッシュカードが送られてくる。同封された書類にある ID やパスワードを使ってログインする。口座への入金はほかの銀行から振り込むか、コンビニエンスストアの ATM などでキャッシュカードを使って入金する。

第3章 世の中と銀行とのかかわり

## ネット銀行の種類

　ネット銀行とよばれるかたちの銀行は、大きく3つにわけられます。
　ひとつはインターネット専業銀行（ネット専業銀行）です。ITや流通関連の会社が経営している場合が多く、ネットショッピングなどをよく利用する人が得をするサービスなどもあります。
　2つめは、一般の銀行のインターネット上の支店です。都市銀行や地方銀行が、実際の店舗のほかに、ネット専用の支店も営業しているケースです。利用者はインターネット上で口座を開設し、インターネット上だけで取り引きを行います。
　もうひとつは、一般の銀行の「インターネットバンキング」です。通常の取り引きをしている利用者が、インターネット上でも取り引きが行えるサービスです。インターネット支店はインターネット上だけの取り引きにかぎられますが、インターネットバンキングは、通常の口座を使い、店舗の窓口やATMを利用しながら、インターネット上でも並行して取り引きができるしくみになっているのです。多くの都市銀行や地方銀行がインターネットバンキングを導入しています。

インターネット　　　　　　一般の銀行の　　　　　　インターネットバンキング
専業銀行　　　　　　　インターネット支店

---

 **クラウドファンディングって何？**

　クラウドファンディングとは、インターネットを通じて、世の中の多くの人から多くの資金を集める方法です。「新しいことを始めたい」「夢を実現したい」「こんなことに挑戦したい」といった夢や目標を打ち出し、共感してくれた人に支援してもらったり、投資をしてもらったりするのです。
　ひとむかし前は新しいことを始める場合は、まず銀行へ融資を頼むのが一般的でした。しかし、銀行は実績のない相手への融資はなかなかしません。インターネットの発達によって夢の実現の可能性が広がったといえるでしょう。

# 銀行と世界の経済

海外ではどんなことをしているの？

## 海外取引をサポートする銀行

わたしたちの着るものや食べるもの、生活用品などには、海外から入ってきたものがたくさんあります。それらはすべて輸入された品です。日本から輸出された製品が海外で使われることもあります。また、日本の会社が海外に進出して、外国人を相手に営業することもあります。銀行はそうした海外との取り引きがスムーズに行われるよう、日本の会社と海外の会社との間に入ったり、業務を代行したりするなどのサポートを行っています。

## コルレス銀行って何？

海外の銀行とのお金の取り引きは、「コルレス銀行」の口座を使います。コルレスとは「特派員」の意味をもつ「コレスポンデント」の略で、銀行の名前ではなく、それぞれの国の中継となる銀行を示します。

会社の輸出入の決済も個人の間でも、海外に送金する場合は、まず、相手の国のコルレス銀行に送り、そこから相手の銀行に振り込まれるしくみになっています。海外から入金される場合も日本のコルレス銀行を経由し、自分の銀行に振り込まれるのです。

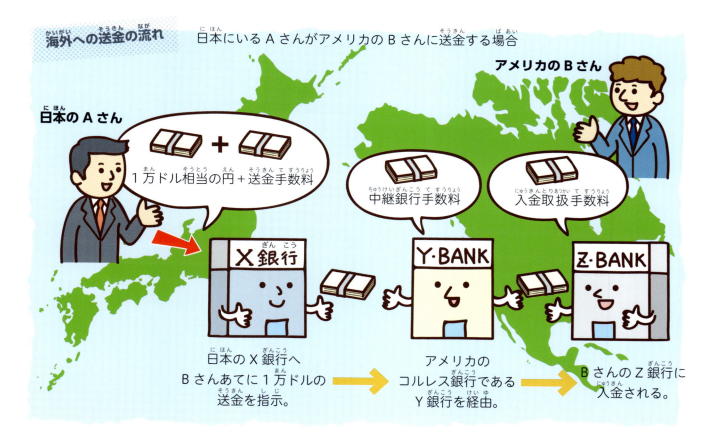

海外への送金の流れ　日本にいるAさんがアメリカのBさんに送金する場合

日本のAさん：1万ドル相当の円＋送金手数料
中継銀行手数料
入金取扱手数料
アメリカのBさん

日本のX銀行へBさんあてに1万ドルの送金を指示。 → アメリカのコルレス銀行であるY銀行を経由。 → BさんのZ銀行に入金される。

# 第3章 世の中と銀行とのかかわり

## 会社の海外進出

日本国内の取引先の会社が海外に進出する場合、銀行は必要な融資を行うほか、現地の情報を収集し、海外での事業展開について適切なアドバイスを行います。たとえば現地の会社と提携しようと考えている場合は、会社規模や経営者などを査定してよりよい会社を選んだり、買収を考えている会社に必要な情報を提供したりします。また、海外進出がうまく進まず、撤退したほうがいいような場合は、撤退方法のアドバイスや事業の売却先をさがすなどのサポートを行います。

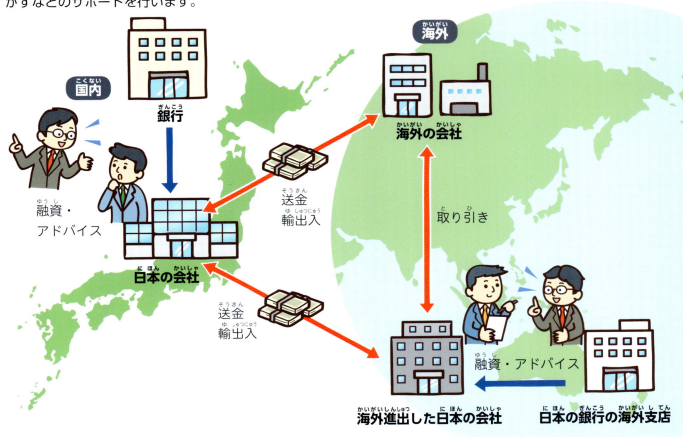

## COLUMN 円高・円安って何？

円高・円安は外国の通貨に対する日本の「円」の価値をあらわすことばです。日本国内で円を使う場合、価値が変わることはありません。でも、外国の通貨と交換する場合、価値は上がったり下がったりします。たとえば1ドルを100円と交換していたのに、120円払わなくてはならなくなった場合、円の価値が下がった「円安」、逆に80円で交換できるときは、円の価値が上がった「円高」の状態といいます。一般的には、日本の輸出がふえると円高、へると円安になるといわれています。

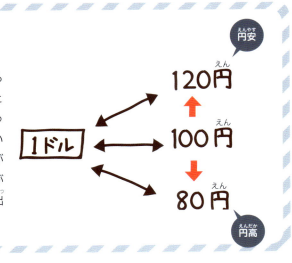

# さくいん

## あ

| | |
|---|---|
| 暗証番号 | 14, 41, 43 |
| 案内係 | 30, 32 |
| 印鑑 | 14, 33, 41, 58 |
| インターネット専業銀行（ネット専業銀行） | 10, 59 |
| インターネットバンキング | 59 |
| インフレーション（インフレ） | 52 |
| 営業係 | 31, 34, 35, 37, 39 |
| ＡＴＭ（現金自動預払機） | 18, 25, 30, 40, 41, 46, 47, 58, 59 |
| 円高 | 61 |
| 円安 | 61 |
| オレオレ詐欺 | 28 |

## か

| | |
|---|---|
| カードローン | 18 |
| カーローン | 18 |
| 外貨預金 | 21 〜 23, 55 |
| 外国為替 | 17 |
| 加算機 | 33 |
| 貸金庫 | 43 |
| 貸出 | 11, 15, 22, 57 |
| 株価 | 53 |
| 株式 | 53 |
| 株式会社 | 53 |
| 株主 | 53 |
| カラーボール | 44, 45 |
| 為替 | 16, 26 |
| 為替手形 | 26 |
| 為替レート | 17, 21 |
| 寛永通宝 | 3 |
| 勘定システム | 40 |
| 勘定の締め上げ | 39 |
| キャッシュカード | 14, 40, 41, 58 |
| 教育ローン | 18 |

| | |
|---|---|
| 協同組織金融機関 | 10, 11 |
| 銀行強盗 | 44 |
| 銀行の銀行 | 24, 25 |
| 銀行法 | 10, 11 |
| 銀行法施行規則 | 33 |
| 金庫室 | 31, 39, 42, 43 |
| 金融機関 | 10 〜 12, 15, 24, 25, 54, 55 |
| 金融庁 | 55 |
| 金利 | 15, 57 |
| クラウドファンディング | 59 |
| 経済 | 2, 37, 51 〜 53, 56, 57 |
| 系統金融機関 | 11 |
| 警備員 | 46, 47 |
| 警備会社 | 44, 46, 47 |
| 決済 | 16, 58 |
| 現金センター | 47 |
| 現金輸送車 | 47 |
| 公開市場操作 | 57 |
| 公共事業 | 56 |
| 好景気（好況） | 52 〜 54 |
| 口座 | 12, 14 〜 17, 24, 25, 32, 40, 41, 43, 58 〜 60 |
| 公債 | 57 |
| 口座引落し | 16, 17 |
| 口座振込 | 16, 17 |
| 公定歩合 | 53, 57 |
| 後方係 | 31, 32 |
| 国債 | 57 |
| 国立印刷局 | 24 |
| 国立銀行条例 | 27 |
| 国庫金 | 25 |
| コルレス銀行 | 60 |
| コンビニエンスストア（コンビニ） | 10, 40, 44, 58 |

## さ

| | |
|---|---|
| 財政政策 | 56 |

支店長 …………………… 31, 36, 37
渋沢栄一 ……………………27
借金 ……………………19
住宅ローン ……………… 18, 21
証券会社 …………… 10, 54
消費者金融 …………… 10, 19
信託銀行 …………… 10, 21
信用金庫 …………… 9〜11
信用組合 …………… 9〜11
税金 …………… 21, 25, 50, 51, 56
生体認証 ……………………41
政府の銀行 …………… 24, 25

## た

第一国立銀行 ……………………27
多重債務 ……………………19
担保 ……………………19
地方銀行 …………… 10, 59
貯蓄 ……………… 15, 58
通帳（預金通帳）…… 14, 40, 41, 58
定期預金 ……………………55
手数料 ……… 16, 17, 20, 21, 26, 58, 60
デフレーション（デフレ）…… 52, 56, 57
当座預金 ……………… 14, 55
投資 ……………… 20, 21, 54, 59
投資信託 ……………… 21〜23
都市銀行 …………… 10, 38, 59

## な

日銀当座預金 ……………………25
日本銀行 ……… 24, 25, 53, 55, 57
日本銀行券 ……………………24
ネット銀行 …………… 10, 58, 59
ノンバンク ……………………10

## は

ハイカウンター ……………………31

配当金 ……………………53
発券銀行 ……………………24
バブル経済 ……………………53
副支店長 …………… 31, 37
不景気（不況）……… 52〜56
普通預金 ……………………14
振り込め詐欺 ……………………28
ペイオフ ……………………55
返済（ローン返済）………… 15, 18, 19, 40
保険 ……………………20
保険会社 …………… 10, 20
保証人 ……………………19

## ま

窓口 ……… 13, 21, 30, 33, 59
窓口係 …………… 31, 32
メインバンク ……………………23
メガバンク ……………………10

## や

夜間金庫 ……………………43
融資 …………………………
… 18, 19, 21, 22, 31, 34, 35, 37, 59, 61
融資係 ……………………31
ゆうちょ銀行 ……………………10
預金 ……… 14, 15, 21, 25, 35, 55, 57
預金準備率 ……………………57
預金保険機構 ……………………55

## ら

利子 ……… 15, 18, 21, 55
両替商 ……………………26
稟議書 …………… 35, 37
労働金庫 ……………………11
ローン ……………… 18, 35, 58
ロビー …………… 30, 32, 33, 38

63

## 監修者
### 戸谷圭子（とや・けいこ）
明治大学専門職大学院グローバル・ビジネス研究科教授。
（株）マーケティング・エクセレンスでマネージング・ディ
レクターを務める。日本学術会議連携会員。主な著書に
『カスタマーセントリックの銀行経営』共著（金融財政
事情研究会）、『イラスト図解　銀行のしくみ』（日本実
業出版社）がある。

## 執筆・編集協力
### 粟田佳織（あわた・かおり）

## イラスト
### すどうまさゆき、イラストレーターしゅうさく

## 撮影
### 浅野　剛（あさの・つよし）
### 海老澤芳辰（えびさわ・よしたつ）

## 編集・デザイン
### ジーグレイプ株式会社

## 取材協力
株式会社セブン銀行、株式会社りそなホールディングス、
株式会社りそな銀行（目黒駅前支店）、株式会社三菱ＵＦＪ
フィナンシャル・グループ、株式会社三菱ＵＦＪ銀行、近
畿産業信用組合、公益財団法人 三井文庫、城南信用金庫、
綜合警備保障株式会社（ALSOK）

## 写真提供
株式会社みちのく銀行、JA 東京中央、独立行政法人造幣局、
日本銀行金融研究所貨幣博物館

## 撮影協力
株式会社 TMC インターナショナル

## 参考資料・文献
『イラスト図解　銀行のしくみ』戸谷圭子（日本実業出版
社）、『お金のヒミツ なぞとき図鑑』泉美智子監修（近代セー
ルス社）

※ この本は 2018 年 2 月時点の情報をもとに作成しています。

# よくわかる銀行
## 仕事の内容から社会とのかかわりまで

2018 年 5 月 2 日　第 1 版第 1 刷発行

監修者　戸谷圭子
発行者　瀬津　要
発行所　株式会社ＰＨＰ研究所
　　　　東京本部　〒 135-8137　江東区豊洲 5-6-52
　　　　　　　　　児童書出版部　☎ 03-3520-9635（編集）
　　　　　　　　　児童書普及部　☎ 03-3520-9634（販売）
　　　　京都本部　〒 601-8411　京都市南区西九条北ノ内町 11
　　　　PHP INTERFACE　https://www.php.co.jp/
印刷所　共同印刷株式会社
製本所　東京美術紙工協業組合
©g-Grape Co.,Ltd. 2018 Printed in Japan　　　　　ISBN978-4-569-78762-6
※本書の無断複製（コピー・スキャン・デジタル化等）は著作権法で認められた場合を除き、
　禁じられています。また、本書を代行業者等に依頼してスキャンやデジタル化することは、
　いかなる場合でも認められておりません。
※落丁・乱丁本の場合は弊社制作管理部（☎ 03-3520-9626）へご連絡下さい。送料弊社負
　担にてお取り替えいたします。
63P　29cm　NDC338